낙원영주권

지성.감성의 메타언어
조선문학사시인선.1029

낙원영주권

박 진 환 제568시집

조선문학사

■ 시인의 말

　그리움의 사전적 의미는 보고 싶어 그리는 마음, 곧 사모의 정을 달리 일컫는 말이다. 그래서 항용의 정서표출이면서도 정서 중 가장 아름다운 것이 그리움이라는 생각을 갖고 있다.

　그리움을 '우리들이 쫓겨나지 않아도 되는 유일한 낙원은 그리움'이라는 J. 파울의 말에 동의한다.

　이 말을 달리 풀이하면 그리움은 '낙원영주권'쯤으로 에둘러 표현해볼 수도 있다. 시집 『낙원영주권』은 이런 그리움을 발상으로 해서 씌어진 시편이란 점을 먼저 밝혀둔다.

　고분지통의 슬픔과 아픔을 치유해 주는 것은 시간이 약이 아니라 그리움이란 생각을 갖고 있다. 상처의 아픔과 슬픔과 연민을 고마움과 감사와 사랑의 감정으로 여과 승화시켜주는 것이 그리움이란 것을 체험으로 깨달았기 때문이다.

 소이로 해서 『낙원영주권』은 간 아내에 대한 연민을 정서적으로 여과, 감사와 사랑으로 승화시킴으로써 고분지통의 슬픔과 아픔을 치유하고자 한 나름의 정서적 치유법이었고, 치유를 위해 즐겨 그리움을 노래했다. 『낙원영주권』의 시편들은 예외없이 치유를 위한 정서적 산물이었음을 밝혀둔다.

2025년 중추
저자

낙원영주권 차례

시인의 말 / 5

제1부
그리움

그리움 · 1 / 13
그리움 · 2 / 14
그리움 · 3 / 16
그리움 · 4 / 18
그리움 · 5 / 20
그리움 · 6 / 22
그리움 · 7 / 24
그리움 · 8 / 26
그리움 · 9 / 28
그리움 · 10 / 29
그리움 · 11 / 30
그리움 · 12 / 31
그리움 · 13 / 32
그리움 · 14 / 33
그리움 · 15 / 36

제2부
비 오는 날에

낙화·1 / 39
낙화·2 / 40
살구꽃 그늘에서 / 42
학의동 / 44
비 / 46
비 오는 날의 변주곡 / 48
체념의 미학 / 49
공원길 / 50
소환(召還) / 52
3년 전 오늘 / 54
도지면 / 56
아내의 3주기에 / 58
생각 / 59
종신형의 수인(囚人) / 60
가슴엔 살아있다 / 62
사랑의 갈증 적셔주는 / 63
비 오는 날·1 / 64
비 오는 날·2 / 65
비 오는 날·3 / 66
비 오는 날·4 / 68
비 오는 날·5 / 70
비 오는 날·6 / 71
비 오는 날·7 / 72

비 오는 날·8 / 74
비 오는 날·9 / 76
그때가 행복했던 소이 / 78
헛소리 아니여 / 80
담화 / 81
보고 싶다 / 82
반일(半日) 단상·1 / 83
반일(半日) 단상·2 / 84
반일(半日) 단상·3 / 86
그늘시편·1 / 88
그늘시편·2 / 90
그늘시편·3 / 92
노래방 / 94

제3부
에덴 파라다이스

사랑한다 / 99
얼굴 삼아 / 100
기둥 / 102
에덴 파라다이스·1 / 104
에덴 파라다이스·2 / 105
에덴 파라다이스·3 / 106
추억 / 107
'덜' / 108

아끼지 않고는 모을 수가 없다 / 110
나리꽃 앞에 하고 / 112
침묵 / 114
기다림 / 116
더·더·더 / 118
삶 / 120
수인(囚人) / 122
구름 음(吟) / 123
사랑이었던 것을 / 124
흐르기, 흘러보내기 / 125
우계시편 / 126
배가본드 / 128
세월의 무게 / 130
감사한다 / 132
연모지정 / 134
마음경 / 135
삶의 행보 / 136
해후 / 138
옛사랑 이야기 / 139
고전적인 사랑학 / 140
아내 / 142
그날들 / 144
무악재 능소화 / 146
옛길 / 147

제1부
그리움

그리움 · 1

멀수록 아름다운
가 닿을 수 없는
가 닿지 못할수록 아름다운
그리움은 거리의 미학이다

사물로는 존재할 수 없으면서
존재를 넘어선 곳 저쪽
초월의 거리일수록 선명한
빛깔 고운 무지개다

다가가면 다가간 만큼 뒤로 물러서면서도
그중 가까운 곳
가슴에만 지닐 수 있는
황금사로 짠 순금의 비단자락이다

퍼내고 또 퍼내도
바닥을 드러내지 않는
마를 줄 모르는
그리움이란 샘 하나 가슴이 지니고 산다

그리움 · 2

본적지는
가슴
가슴 고향 삼아 살면서도
먼 향수이듯 떠도는
그리움

흐르는 무심한 구름
유심으로 보내듯
가슴과 가슴 사이가
이리 먼 먼
거리가 될 줄은 미처 몰랐구나

살면서 바라기하면서도
살아서는 가 닿을 수 없는
향수의 거리는 몇만 리인지
날마다 비단자락
학의 날개 삼아 띄워보내는 그리움

그리움만이 낙원에서 쫓겨나지 않는
영주권이란 말 새기며

천만리 부르며 다가가는
가슴의 노독이 달구나

그리움 · 3

가슴이 아닌
이마도 아닌 그리움이 있다
이성도 아니고
상사만도 아닌
마음으로 그리는 그리움이 있다

가 닿아 하나가 되는
멀수록 더 가까이 다가가고 싶은
다가가면 다가간 만큼 물러서는
가 닿을 수 없는
그런 그리움이 있다

가슴도
마음도 아닌 온몸으로 던지는
투신 같은
필사의 투신으로도 가 닿을 수 없는
생명에의 욕구

상사라 했던가
상사로는 이을 수도 닿을 수도 없는

근원적이고도 원초적인
생의 연소만이 태울 수 있는
불꽃 에너지 삼아 가 닿고자 한 생명의 갈구

그리움 · 4

언제부터인가
버릇이 하나 새로이 생겼다
무료하면 유리창밖을 멍하니 바라보는
버릇이다
등 굽고 늙수그레한 안노인이라도 지나가면
눈으로 보내면서 가슴으론
맞는 얼굴이 있다

저물녘 어스름께면 떠올리는
'나 왔어'라며 들어설 것만 같은
얼굴 하나 있다
부질없는 줄 알면서도 지워버리지 못하는
되레 도져 아픔으로 되새겨보는
고분지통이 그리는 그림 아닌
가슴으로 부르는 얼굴이 있다

안절부절 서성이며
창밖을 응시하는 버릇
심란한 마음의 서성임이 소이일 듯싶다
무릇 물건은 안정을 지니지 못하면 소리하듯

그런 부르고 싶은 이름 때문이리라
불러 외쳐보고 싶음 때문이리라
속대발광욕대규(束帶發狂慾大叫)

그리움 · 5

보고 싶어 그리는 것도
그리움
잊지 못해 되돌아보는 것도
그리움
가슴에 품은 채 지우지 못하는 것도
그리움
멀면 멀수록 바라기하는 것도
그리움
그리워하다 그리움이 되어버리는 것도
그리움

그리움은 정서가 아니다
그리움은 사랑의 본질이다
그리움은 사랑의 빛깔이다
그리움은 사랑 그 자체다
그리움은 사랑의 감로수다
그리움은 가슴에 지닌 낙원이다
그리움은 살아있는 영혼만이 부를 수 있는
영가다
'우리들이 쫓겨나지 않아도 되는

유일한 낙원은 그리움이다'란
J. 파울의 말에 동의한다

그리움 · 6

망구가 바라는
8할은 망령이다

이루어지지도
이룰 수도 없다는 걸 알면서도
꿈꾸는 꿈꼬대다

남은 2할은
스스로의 가슴으로 충전
방출할 수 있는 에너지 그리움뿐이다

그리움은 순수
순수는 사랑
사랑은 그리움만이 부를 수 있는 영가다

그리움이 없는 삶은
사막
그리움이 있는 한 사막은 낙원이다

남은 2할의 삶을 유지시켜 주는

양식은
그리움이다

그리움 · 7

내 삶의 8할은 허무이고
나머지 2할은 그리움이다
그리움은 스스로 자장하는 가슴이
방출하는 에너지
에너지는 살아있음에의 확인이다

마지막을 연소할 수 있는
연소해 태울 수 있는
내게 있어 그리움은
휘발유이고 휘발유보다
고성능의 발화 기능을 지닌 신나다

내연의 불꽃으로 타는
타서 독거의 어둠을 밝히는
반짝반짝 빛으로 살아 있는
그리움은 별이고 별은
가슴을 밝히는 등불이다

자장하고
자장해 방출하는 방출해

빛으로 일어서는 별과
별로 밝힌 등불 하나
지니고 사는 가슴을 나는 사랑한다

그리움 · 8

주말께면 재발하듯
명절 앞에 하면 도지는 가슴엣병
아픔이면서 슬픔이고
슬픔이면서 슬플수록 그리움으로
방출되는 이미 소환(所患)이 되어버린

수술로도 약으로도 치유불가
동의보감에도 처방전이 없는
민간요법으론 세월이 약이라지만
약은커녕 세월이 감길수록
아픔으로 풀리는 고분지통

가슴에 세월이 감길수록
함께 코일로 감겨 자장하는 방전
비라도 오는 날엔
통징으로 재발하는 아픔
노독 밝힌 그리움의 촛불만이 달래주는 가슴앓이

낡은 필름으로 가슴에 인화된
되풀이 방사(放寫)로 낡아버린

얼굴 하나
감기는 비단자락 고울수록
아픔으로 물드는 상사의 그리움

그리움 · 9

그리움은
내가 소유하고 있는 유일의
비옥한 정서적 영토다

마르지 않는 사랑을 분출시키는
샘이 있고
적셔 살찌게 하는 가슴이 있다

생각의 가지마다엔
추억으로 발효시켜 숙성시킨
잘 익은 열매가 매달려 있고

계절 따라 피고 지는
꽃으로 미소하는
인정스레 웃는 표정이 있다

전매특허품 그리움은
일궈 옥토로 가꾼 에덴의 특산품
가슴이 경작지인 천상으로 보내는 수출품목이다

그리움 · 10

나는 만석꾼 부호다
그 흔해빠진 금은보화도
주식도 아닌
한 뼘 가슴에 입력시켜 놓은 그리움

퍼내고 퍼내도
퍼낼수록 솟아오르는
올라 범람하는
주체할 수 없는 그리움의 만석꾼이다

보이기엔 늙고 가난한 독거 늙은이
남루 가리지 못하고 살지만
가슴엔 금은보화론 거래할 수 없는
사랑과 그리움을 만석꾼으로 지니고 산다

독거엔 비둘기 아닌
학 한 마리가 동거 중이다
주체할 수 없는 재산을 퍼내고
관리하는 내 상속자다

그리움 · 11

보내고 아파하는 마음
보냄에 서툴렀던 소이일 듯
마음에 준비라도 했었던들
이리 아파하지 않았을 것을

보내기 연습이라도 해두었던들
익혀라도 두었던들
이리 허무하지 않았을 수도
보내고 그리는 정이 이리 아픔이 될 줄이야

기약없이 보냈으니
기다림 또한 부질없는 일
부질없음 알면서도 기다림이
어찌 부질없음 아니겠는가

스물스물 떠올리며
되돌아보는 일, 되돌아봄이 곧 그리움이니
텅 빈 허무도 돌아보면 그리움으로 채워 달랠 수 있을지

그리움 · 12

가슴의 자장으로 방출한 그리움은
하학적 정서 유희다
목마른 영혼을 적시기 위해 이마로
방출한 그리움은 상학적 정신의 그리움이다

순수의 순도라 했는가
낙원에의 영주권을 그리움이라 했던가
천상에 보내는 그리움의 빛깔이 있다면
무지개 빛깔쯤이 될까

가 닿을 수도 붙잡을 수도 없으면서
아미에 머리띠로 두르고 사는
한 폭의 비단자락
고울수록 어지럼증을 일으키는 멀미다

영혼이 앓는 소환 그리움
아픔이기엔 달고 달기에는 아픈
육신을 버렸을 때만 부를 수 있는
영가의 보표(譜表)다

그리움 · 13

독인가 약인가
이열치열의 이치론
이독치독이면 약
해독 불가면 독

그리움이 그러하지 않던가
그리움으로써
그리움을 달래면 약
되레 도져 아픔으로 자장하면 독

가슴에 독약 지니고 사는데
우리들이 쫓겨나지 않아도 되는
유일한 낙원은 그리움이라니
허사 아닐지

그리움의 방출처가
가슴 아니던가
자장하지 않고서도 충전되고
충전되지 않고서도 방출될 수 있던가

그런 가슴 지니고 살아보면 안다
그리움이 약도 되고
독도 된다는 것을
독약이 둘이 아닌 하나란 것을

그리움 · 14

아내 보낸 지 3년
점점 멀어질 줄 알았더니 아니었다
하루하루 다가가고 있음을 깨달았다
멀수록 그리운 줄 알았더니 가까워질수록
다가가고 싶은 것이 그리움이었다

정이란 사리(事理)의 산물이 아니었다
고정하고 유동하는 가변성
일어 갈기 세운 날에 따라 순리도 되고
역리도 되는 역리와 순리의 호소력이
그리움이었다

사리론 가 닿을 수도
되레 역행했을 때 더 가까이에 다가가는
소이는 정이란 게 살아 움직이는
고정을 거부하는 유동성 때문이었다
멀고 가까움을 넘어섰을 때만 방출되는

순리에도 합치되고
역리에도 분리됨이 없는

역리와 순리의 초월만이 가슴 할 수 있는
그리움
그런 그리움 방출하는 가슴을 나는 사랑한다

그리움 · 15

그리움은 정서의 분출이 아닌
영혼의 갈구다
결핍과 풍요의 불균형이자
상호 모순이고 호소력이다

사랑이 모순을 낳고
그것을 풀어가듯이
그리움은 정서적 풍요로
영혼의 목마름을 적셔 하나이고자 한다

부계 포로스(poros)의 풍요와
모계 페니아(penia)의 결핍을 지양
완전을 지향하는 사랑의 욕구와
그리움의 본질이 다르지 않음이다

사랑의 결핍을 풍요로
풍요로 결핍을 상쇄
상호 호소력으로 완전체를 추구하는
그리움과 사랑이 본질을 같이함이 이러하다

제2부
비 오는 날에

낙화 · 1

지는 꽃잎
낙화를 화우(花雨)라 했던가
꽃비면 색색으로 물든 비
내리고도 적시지 않으니 어찌 비라 하겠는가

옷 대신
비로는 적실 수 없는
가슴을 색색으로 적셔 물들게 하거니
어찌 비 아니라 하겠는가

우산으론 받을 수 없는
피할 수도 없는
우수(雨愁)이면서 우수(憂愁)로 젖는
적셔 범람하게 하는 가슴

내리면서도 비가 아니고
비가 아니면서도 내려 적시는
꽃비 맞으며 걷는 꽃길 10리를
그날에의 멀미인 듯 노독 동행하고 걸어본다

낙화·2

피는 꽃보다
지는 꽃이 더 아름답다 했던가
피어 있음의 아름다움 포식하는 눈요기보다
지는 꽃잎 보내는 서운함이
환기시키는 시장기가 이러할 듯싶다

눈요기로는 채울 수 없으면서
서운함으로 채워보는 무위에의 포만감
한 끼쯤 걸러도 좋은 꽃 지는 날의
낙화가 체험하게 하는 시장기
꽃에도 풍요와 결핍 두 아름다움이 있음이구나

지는 꽃잎 발자국 삼아 걸어보는 꽃길
따라 걸으면 어디쯤 발자국 끝나는 곳
발자국으로는 돌아갈 수 없는 귀천 앞에 설까
서서 사향이듯
하늘바라기하고 서볼 수 있을까

꽃잎 지는 날
지는 꽃잎 화혼으로 날려보내면서

때 묻은 발자국으로는 돌아갈 수 없는
순수에의 노스텔지어 마음의 발자국 삼아
꽃잎 길을 걸어본다

살구꽃 그늘에서

독립공원
독립기념관 옆 송목 그늘에
살구나무 한 그루
가지마다 꽃등 밝혀 소나무 가지
음지를 밝혀주고 있다

먼 고향 학의동
수령 백 년쯤의 우리 집 감나무와
같을 무렵 터 잡았을 듯한 아랫집 울타리가
살구나무 한 그루가 봄이면 꽃등 밝혀
온 마을을 환히 밝혔다

꽃그늘에 앉아 놀던 유년
그날의 얼굴들 지금은 아슴아슴
풋살구의 시디신 맛에 찡그리던 얼굴
지금은 늙은이 세월로 주름이 된
두동치활(頭童齒闊)

늙으면 어린애가 된다더니
고향 소환하는 사향도

소싯적 그리움 같아 가슴에 감기는구나
살구꽃 그늘에 앉아 돌아가 보는
한때의 고향 학의동

학의동

영마산 정기로 뻗힌 끝자락의
그중 끝자락
학이 날개를 펼치듯
고봉·제봉이 날개 접어 품에 기른 마을 하나
이름하여 학의동

자랑할 것도 내세울 것도 없는
가난한 남루 뒤집어쓴 그러나
서로 처마 맞대고 사는
정만은 부자마을인
학의동

학의동에서 태어난 연고로
높이 날고 멀리 나는
학의 꿈 지니고 살았거니
떠나올 때도 학 한 마리
가슴에 품고 떠나왔거니

이제는 먼 하늘 밑
그리움이 되어버린 마을

애조(愛鳥) 학의 날개에 실어 보내거니 사향
가슴엔 듯 이마엔 듯 감기는 세월의 비단자락에
학 동행으로 날려 보내거니

비

꽃잎
낙엽
백설
내리는 것들은 적신다

젖는 것은 가슴이다
적시니 꽃잎은 화우가 되고
낙엽은 엽우가
백설은 설우가 된다

비로는 적실 수 없으면서
우(憂)나 비(悲)로는 젖는
비(非)와 우(愚)로는 적실 수 없는
가슴

비(悲)와 비[雨]는
다르면서 적시니 비이고
우(雩)와 우(虞)는 같으면서
적시지 못하니 비가 아니다

꽃잎 · 낙엽 · 백설
가슴으로 받아보면 안다
비 아니면서 적신다는 것을
적심으로 비라는 것을

비 오는 날의 변주곡

I
비가 오는 날이면 가슴은
낙숫물 소리 음표 삼아
오토피아노 건반이 된다
어떤 것은 물방울 되어 음계를 타고 흘러가고
어떤 것은 발자국이 되어 골목을 뛰쳐나가고
또 어떤 것은
파닥이는 물고기가 되어 파도를 헤쳐간다

II
비 오는 날이면 가슴은 오토레코드
고장난 판이 되어 '비가 와서 어쩌'
한 소절만 되풀이한다
우산을 투창처럼 꼬나들고 나서는
돈키호테의 행차
돌아오는 길엔 기다리는 내자를 위해
나이트 서비스, 하루치의 안도를 선사한다

체념의 미학

세월이 약이란 말
아무래도 허사같다
아픔이 그리움이 되고
고마움이 되고 체념이 되어
칭칭 울타리로 둘러쳐 가둬버리기 때문이다

체념이 행복의 조건이란 역리에 동의한다
그리움이 에덴에의 영주권이란 말에도
고마움이 즐거움이란 말에도 동의한다
체념이 확인된 절망이 아닌
희망에로의 전이가 되어주기 때문이다

암의 전이는 내성을 길러
치유불가의 절망이 된다
체념은 아픔을 그리움·고마움으로 전이
정서적 치유의 통로를 열어준다
체념이 행복·희망이 되는 소이다

공원길

양지녘에 서 있기엔 다소 덥고
그늘에 앉아 있기엔 다소 서늘한
그 중간쯤에 길이 하나
정오가 오던 발걸음 돌려 하오로 가고 있다

길 양켠에 맞댄 입술들이
입술마다 불을 토해내는 진달래 꽃길
불길 옆에 끼고 하오가
점잖은 팔자걸음으로 걸어가고 있다

벤치에 앉아 눈으로 동행하던
과객이 일어서고
일어서 동행 없이
꽃길을 걸어가고 있다

벌써 옛날이 돼버렸나
꽃 대신 실명 노인의 헌화가를
꽃다발 대신 건네며
수작했던 그날이

붉은 바윗가에/잡으온 손 암소 놓으시고
날 아니 부끄리시면/꽃을 꺾어드리리다

신라의 마돈나 수로가 동행이었던
지금은 가버린 날
호올로 공원 진달래 꽃길을 걸으며
시린 옆구리를 불꽃으로 녹여본다

소환(召還)

공원이 환하다
백만 송이 천만 송이 꽃들이
꽃등으로 불 밝히고 있기 때문이다

꽃등 앞에 하고
먼 신라적 꽃사연을
소환해 본다

이름도 없는 한 신라 늙은이가
진달래꽃 한 다발을 꺾어다 내밀며
신라 여인네에게 건넸던 수작

   붉은 바윗가에/잡으온 손 암소 놓으시고
   날 아니 부끄리시면/꽃을 꺾어드리리다

부끄러움을 넘어선
순도 120%의 순수만이 내밀 수 있는 꽃다발
사연이 꽃보다 더 고운

어린 시절 닥치는 대로 꽃을 꺾어다

병에 꽂아 놓고 좋아하던
꽃과 내가 하나이던 유년도 소환해 본다

그렇구나, 가버린 날들의 아름다웠던
그 행복했던 어느 날도 소환해 본다
옆구리를 시리게 한 지금은 옆에 없는 사람아

3년 전 오늘
- 2022. 5. 2.

3년 전 오늘 아내는
등 떠밀리다시피
끌려가다시피 병원으로 실려 갔다
죽어도 가지 않겠다고 버티며
싸움 끝에

아내는 하루라도 더 함께
집에 있고 싶어 했던 것을
미련한 소견으론
병원이 더 안전할 거라 알고
등 떠밀어 병원으로 보냈다

떠난 뒷모습을 지켜보며
마지막이다 싶은 예감에 울었다
울면서도 설마 했던 미련이
이리 후회가 될 줄은 미처 몰랐었다
하루라도 더 함께를 읽지 못했던 후회

입원실로 들어가기 전
하늘 한 번 쳐다보고

긴 한숨 들이쉬더란 딸애의 전언
생각할 때마다 동행하지 않았던
나를 미워했다

이제는 미련함도 후회도 그리움이 돼버린
그리움이 되어 가슴을 살아있게 하는
그리움을 유산으로 주고 간 아내에게 감사한다
우리들이 쫓겨나지 않아도 되는
유일한 낙원은 그리움이란 말 되뇌보며

도지면

육화돼버린 아픔
고분지통 도지면
그리움이란 처방전으로 달래며
하루하루 잘 이겨내며 산다

슬픔도 미련도 연민도
다르지 않아서
그리움이란 약국 하나 차려놓고
약사 노릇을 하며 하루하루 잘 지낸다

처방전은
내가 특허권자인
제약회사 없는 비법의
사제품

당의정 대신
천리를 달릴 수 있는 준마와
만리를 날 수 있는 학을 사육한다
전달할 그리움의 전령사로

아픔·슬픔·미련·연민 도지면
준마에 실려 보내고
학의 날개에 얹어 보낸다
아내가 있는 에덴 파라다이스로

아내의 3주기에
- 2025. 5. 4.

아내 간 지 1년은
슬픔으로 살았고
2년은 그리움으로
3년째는 고마움과 감사로 살았다

슬픔과 그리움의 본적지는 가슴
고마움과 감사함의 본적지는 마음
가슴과 마음으로 살았으면
온전히 사랑하며 살았음이 된다

가슴과 마음으로 사랑하는 일
슬픔도
그리움도
고마움도 감사함도 다 사랑이라는 등식이다

이런 등식에의 충실
그런 충실로 가슴할 수 있는 것에
감사한다
감사할 줄 아는 가슴을 사랑한다

생각

자꾸 생각하여 잊지 못함을
염념불망(念念不忘)이라 했던가
잊지 못해 생각하는 것일까
생각나 잊지 못하는 것일까
고귀한 생각과 함께 있는 자
결코 고독한 것이 아니라 했던데
고독 면하려고 생각하는 것일까
고독으로 인해 못잊음이 도진 것일까

무슨 생각이길래 그리 잊지 못하고
잊지 못해 생각하는 것일까
답 있을 듯
고분지통 아픔으로 알고 살면
답도 알 듯
임 그림이라는 것을
임 그려 잊지 못하고
잊지 못해 생각한다는 것을

종신형의 수인(囚人)

아내 간 지 3년
지금까지 혼자인 줄로만 알았다
혼자였기에 외로웠고
그리웠고 옆구리가 시린 줄로만 알았다

헌데 착각이었다
하나였던 아내와 나
한쪽이 가버렸으니
난 반쪽이었던 것이 된다

외로움·그리움, 시린 옆구리는
사치였다
반쪽으로 사는 것은 허무였고
허무는 절망이었다

그걸 3년이 지난 지금에서 깨닫다니
미련했기에 다행이었다
일찍이 알았던들 허무와 절망을
어찌 살아갈 수 있었겠는가

반으로 온을 산다는 것
그것은 형벌이었고 형벌은
죽기 전엔 벗어날 수 없는 종신형이었다
종신형의 수인을 오늘도 반으로 살아가고 있다

가슴엔 살아있다

없다
이 세상엔 존재하지 않기 때문이다
그러면서도
부재와 존재 사이에 끼어 있다

있다
존재하지 않으면서도 존재하는 소이
가슴의 벽에
조상(彫像)으로 새겨져 있기 때문이다
있고도 없고
없으면서 있는 존재
지금 내 가슴은 작동하는 영사기, 돌아가는
그리움이란 필름엔 얼굴과 이름이 씌어져 있다

장송란은 그의 필명
한 구절의 시도 새겨져 있다
'가시내사 좀 슬픈들 어떠리'
기억의 저장고 가슴엔 살아있다

사랑의 갈증 적셔주는

가슴엔
마르지 않고 솟아나는
샘 하나 있다

쫓겨나지 않아도 되는
낙원을 적셔주는 그리움이라는
샘 하나 있어 한사코 범람한다

고행의 단독자행
팍팍하게 내딛는 수고로운 길
노독을 적셔 풀어주고

열사의 길 걷는
한발의 열옥에는
감로수가 되어 고달픔을 달래주는

가슴엔 마르지 않는 샘 하나 있다
그리움의 두레박으로 퍼올리는
샘 하나 있어 사랑의 갈증 목마름을 적신다

비 오는 날 · 1

창밖엔 비
비로는 적실 수 없는 가슴이
비 아닌 우수(雨愁)에 젖는다

우산으론 받을 수 없는
봄비에도 범람하는 가슴의
멜랑콜리

속삭이듯 저음으로 들려오는
'비가 와서 어쩌'가
얼굴로 다가온다

낙원에서 쫓겨나지 않는
유일한 영주권을 그리움이라 했던가
비 오는 날이면 도지는 그리움

우계가 낙원인 소이
비가 그리움의 본적지이기 때문이다
마른 가슴 적셔주는 우계를 나는 사랑한다

비 오는 날 · 2

비가 온다 와서 만물을 적신다
우산을 펼쳐 든다
몸은 젖지 않는다

젖지 않으면서
우산 속에서도 젖어버리는 것은 가슴이다
우수는 우산으로 받을 수 없음이다

젖음과 젖지 않음의
동행에
그리움이 끼어든다

한사고 감탄사를 찍고 가는
젖은 창가
커피잔에 타 마시는 그리움이 달다

비 오는 날 · 3

'비가 와서 어쩌'는
비 오는 날이면 현관에서 배웅하며
입버릇처럼 하던 아내의
비 오는 날의 주어였다

아내의 와병으로
하던 역할을 내가 대신해준
미안함과 고마움을 곁들인
걱정의 말이었다

그간 흐른 세월로 늙어
딱한 처지를 감안한 자식들의 배려로
딸애가 내 역을 대신하게 된 소이로
비 오는 날이면 마음으로 소환하는 내 주어가 됐다

창밖을 내다보며
내리는 비로 가슴을 적시면
가버린 날의 한 컷이
'비가 와서 어쩌'로 자막을 찍으며 지나간다

아내가 했던 그 많은 말 중
'비가 와서 어찌'가 주어가 되어버린 소이는
우수로 적실 수 있는 살아있는 가슴과 가슴이
방출하는 그리움을 사랑하기 때문일 듯싶다

비 오는 날 · 4

기상예보대로라면
6월부터 9월까지 장마라더니
예행연습이라도 하는 걸까
매주 한 차례씩은 비다

비다가 비다(非多)도 될 수 있겠구나 싶은 것이
모조리 다란 죄다가 죄다(罪多)와
같음일 듯싶어 점두(店頭)해 본다
비다면 죄다를 수반하는 필연일 듯싶어서

안 그래도 장마철이면
숨어 있던 그리움까지 다투어 웃자라
우계 견디기 힘겨운데 9월까지면 비(非)에 젖은
곰팡이 세상 비(悲)로 우수나 안 될지

'비가 와서 어쩌'
비 오는 날이면 마른 가슴 적셔주던
육성의 주어로 울타리쳐
비(非)나 비(悲)로는 적시고 싶지 않은 가슴인데

창밖엔 비
비로는 적실 수 없는 가슴의 유리벽에
'비가 와서 어쩌'가
!!!!!!를 찍고 간다

비 오는 날·5

비 오는 날의 공원은
공원(公園) 아닌 공원(空園)이다
찾는 이도 지나가는 과객도 없다
있다손 쳐도 굽은 등엔 한짐 우수가 짊어져 있다

재촉하는 빗살의 회초리질에도
유형(流刑)의 길이듯 발걸음 무겁고
무거운 발길에 가버린 어느 날이
한 컷 스냅으로 밟힌다

그날의 동행이었을 듯싶은 여인은
돌아서 버렸을까
우산도 그림자도 발자국도 없는
단독행의 과객

눈으로 보내며
나란히 걷던 비 오는 날
지금은 철이 일러 아직 피지 않은
나리난초꽃 앞에 섰던 그날을 소환해 본다

비 오는 날·6

올 기상예보
6월부터 9월까지 장마라더니
5월도 초순인데
주중·주말 가리지 않고 비다

비는 죽음이요, 탐욕이요 욕심이다
소이로 궁전의 지붕을 잘 덮지 않아 스며들면
들보와 기둥이 썩는다는
팔만대장경의 경구

궁궐뿐이겠는가, 마음으로 절간 삼은 내사에도
비 스미면 곰팡이 슬고 썩기 마련
격철우(隔轍雨)에 우수(雨愁) 이러하면
장맛비 경분(傾盆)엔 속수무책

하물며 우계뿐인 가슴
우산 없이 비에 젖거니
가슴이라고 젖지 않고 온전하겠는가
'비가 와서 어쩌'에도 이런 뜻 들어있었더 것을

비 오는 날·7

비 오는 날이면
우산을 투창처럼 꼬나들고
현관을 나섰던
돈키호테를 면했다

딸애가 내 역할을
대신해 주고 있기 때문이다
소이로 해서 기사도를 발휘했던 나는
경로 대접을 받고 흑기사를 면했다

'비가 와서 어찌'를
등에 하고 나선 신촌 세브란스행
4년여를 출입처 삼아 매일 드나들었던
나름의 봉사를 접었다

아내의 걱정을 뒤로 하고
현관을 나섰던 봉사에의 충실을 사랑했고
독립공원에서 재단해온 컷을 언어로 한 땀 한 땀
땀질하던 날들을 소환하며 창 앞에 서본다

빗속으로 걸어가는 내가 보이고
등 뒤에서
'비가 와서 어쩌'를 뇌며
걱정하던 아내의 모습도 보인다

비 오는 날 · 8

비는 적시기 마련
헌데 비로는 적실 수 없는
되레 우산 속에서도 젖어버리는
가슴이 있다
우산으론 받을 수 없는 것이 우수이기 때문

동행 없이 걷는 비 오는 날
먼 어느 가버린 날 소환해
동행하면
한사코 젖은 가슴이
젖음으로 범람한다

공원 가장자리 길가
비로는 적실 수 없는 나리향 앞에 하고 서면
적실 수 없는 것들끼리 맞대는
가슴과 가슴이
가슴으로만 인화될 수 있는 한 컷 스냅이 된다

마른 날엔 지워졌다
비 오는 날에만 도지듯 채색되는 한 컷 스냅

스냅 속엔 나리향이 스며 있고
향으로만 인화될 수 있는 추억
비 기름 삼아 점화하는 인화(引火)로 소지한다

비 오는 날 · 9

"비가 와서 어쩌"는
비 오는 날 아내의 주어였다
궂은날의 역할을 내게 넘기면서
미안함과 고마움과 염려를 포괄
건네는 주어였다

투창처럼 우산을 꼬나들고 현관을 나서며
돈키호테처럼 우쭐했던
출정의 소이가 이러했다
지금은 가고 없는 아내
비가 오는 날이면 '비가 와서 어쩌'를 소환한다

'사랑해'보다 더 설득력을 지녔던
'비가 와서 어쩌'는 가슴의 언어였고
가슴에서 가슴으로 이어지는 호소력이었다
아내에게 봉사할 수 있는 자긍심과 함께
비로는 적실 수 없는 가슴을 적시는 언어였다

창밖엔 비가 내리고
내려졌던 커튼을 말아올린다

우수 같은 것이 투창처럼 유리창에 와 박히고
가슴도 과녁이 된 듯
빗살 하나가 투창으로 와 박힌다

그때가 행복했던 소이

굽은 등 휜 허리 서로 의지하며
나란히 걸어가고 있는
안노인과 바깥노인을 눈으로 보내면서
행복하게 살아가는 삶이구나
마음해 본다

가버린 날
아내와 함께한 나들이
우리 내외의 반려를 그런 눈으로
지켜본 이 있었을까
있었다면 그때가 행복한 시절이었던 것을

행복이란 따로이 있는 것이 아닌
서로 마음 주고 함께 마음하며 살아가는
따뜻하고 정겨운 자주자족 속에 있는 것 아닐까
분수를 알고 분수껏 사는 일이
행복한 삶 아닐까

분수 밖의 것 탐하지 않고 분수 지켜 살면서
소박한 것으로 만족할 줄 아는 자족

그 속에 행복이 들어있는 것을
가버린 날 돌이켜 보며 그때가
행복했던 소이 소박을 소환해 본다

헛소리 아니여

쿠데타 실패 담화(談話) 두고
'헛소리'니, '꼼수'니, '정신 못차렸다'느니
정치권은 폄훼일색

다른 한편 국민들은
더러워서 뱉어내던 가래침
담화(痰火) 도졌다며 끌어내려야

저지른 내란 죗값으로 보면
만사무석이나
성숙한 백성들이라 탄핵·하야로 격분 참아

국민 앞에 서기가 부끄러워서인지
번드르르한 민낯 기름기 없이 까칠하기만
붉힐 줄 알았던들 동정이라도

백성들 뜻 읽었으면 국민 뜻 좇아야
모든 일 '우리 당에 맡긴다'니
말이여, 소리여, 헛소리 아니여, 잠꼬대여

담화

셀프쿠데타 실패의 변
앞으로 모든 문제 '우리 당에 맡기겠다'
두 방점 찍힐 듯
하나는 당을 떠나지 않겠다는 의사표시
다른 하나는 당에서 탄핵 막아달라는
주문·희망 피력 같아서

국민들 기대와는 정면배치
하야 언급 없고
스스로가 취할 태도 밝히지 않아서
정치권 '헛소리'란 평
헛소리로 들리지 않고
함께 '꼼수' 평도 꼼수로 들리지 않아서

담화는 어째서 헛소리로 들리고
꼼수로 들리는데
정치권 평은 헛소리로 안 들리고
꼼수는 꼼수로 들리는 것일까
귀가 잘못된 소이일까
헛소리도 꼼수도 제대로 들리는데

보고 싶다

더 솔직히 말하면 그립다는 말은
보고 싶음을 에둘러본 말이다

날마다 문득문득 보고 싶지만
저세상에 있으니 볼 수 없어
그리움으로 대신할 뿐이다

소이로 보고 싶음은 그리움이 되고
그리움은 보고 싶음이 되는 동의어가 된다

아직 보고 싶음 지니고 살며
그리움으로 달래보는 살아있는
가슴에 감사한다

연민을 모든 도덕의 기준이라 했던가
연민을 지덕요도로 알고 살아감에 감사한다

감사를 마음의 기억이라 했던가
나이 들어 잦은 끊긴 필름의 건망(健忘)에도
보고 싶음 지닌 가슴의 순수를 사랑한다

반일(半日) 단상·1

투필성구(投筆成具)라 했던가
붓만 던져도 그림이 된다 함이니
달인을 두고 한 말이다

흉내는 분수밖
뭘가 쓰고 싶어 파필(把筆)했으나
파한이었던 듯 딱히 잡힘도 떠오름도 없다

휴일 한나절의 무료가 안겨준 한가
그냥 보내기는 아쉽고
아쉬움 달래자니 딱히 할 일이 없는

심심함
정신적 귀의(歸依)
심심(深心)을 지니지 못했음일 듯싶다

마음에 지니고 가슴으로 그려 소환해 보는
일단상사(一但想思)로
반일(半日)의 무료를 달래본다

반일(半日) 단상 · 2

등 굽고 구부정한 허리로
서로를 의지하며 손잡고 가는
노부부를 부러운 눈으로 보낸다

함께 하고 살아가는 삶이
행복하게 보여서이고
한때의 행복했던 시절이 떠올려지기 때문이다

행복이란 살아감의 이유이고
실현하고자 하는 지향이며
성취됨으로써 이유에 답하는 기쁨 아니던가

삶에 어찌 고달픔이며
외로움이며 힘겨움이 없겠는가
이를 이겨냈을 때 맛보는 보람

그 보람에 가 닿고자 하고
가 닿음으로써 기쁨에 값함이
행복 아닐지

노부부를 멀리 눈으로 보내면서
가버린 날의 나란했던 한때를
그리움으로 소환해 보는 반일의 무료

반일(半日) 단상 · 3

여유는 남는 시간을 즐기는
한가가 아니다
한가란 무엇인가 유익한 일을 하기 위한
모색의 시간이기 때문이다

모색은
마음이 물욕에 가리운 물신의
모색(茅塞)도 되지만
뭣인가를 더듬어 찾는 발견에의 단초도 된다

기초란 사물의 밑자리
기축물의 무게를 받치기 위한 토대로서
토대 없이는 그 위에 아무것도
올려놓을 수가 없다

APT가 그러하고
탑이 그러하고
공공건물이
기념관이 다 이 토대 위에 올려진다

뿐인가, 외양을 드러내지 않는 정신작업의 시도
토대인 착상 없이는 외양 불가다
시가 컨시트의 미학인 소이가 이와 다르지 않은
이치를 한가 여유 삼아 되새겨본다

그늘시편 · 1

그늘은 성하의 파라다이스
열옥(熱獄)의 파라다이스는 공원
아내는 멀리 에덴 파라다이스에 있다

공원의 파라다이스
등나무 그늘 밑 벤치에 앉아
아내의 에덴 파라다이스를 소환해 본다

철 이른 더위가 이마와 등을 적신다
계절이 길을 잃었구나
제때 제대로 들어서지 못했음일 듯싶다

이마의 땀을 식히면서
공원 가로질러 동행 귀가하던
옛을 소환, 더위에도 시린 옆구리에 앉혀본다

알맞게 땀을 식혀주는 그날의 바람일 듯싶은
차지도 덥지도 않은 알맞은 풍미(風味)가
싱그러움에 감미로움을 더해 그리움이 된다

삶의 여유 아닌 여백 한가의 8할은 그리움이다
에덴에서 쫓겨나지 않아도 되는 유일을
그리움이라 했던가

성하의 파라다이스
독립공원 느티 그늘에 앉아
소환해 보는 에덴 파라다이스

그늘시편 · 2

무료 휴게소 그늘
등나무 그늘에 앉아
등에 한 길들여진 삶을
잠시 부려놓는다

얽히고설킨 생각의 가지들을
하나씩 잘라내면서
삶의 무게를
잠시 벗어놓는다

젖은 땀의 갈증은
바람 생수 삼아 마시고
헹궈본다
수고로운 하루치의 노독과 함께

나그네라 했던가
떠돌지 않고도
맴돌아야 하는 삶의 쳇바퀴
인생이란 주어진 행려의 나그네인 것을

발길 멈춰 잠시 쉬어보는
그늘의 한때
외로움과 그리움이 8할이었던 삶
남은 2할 그림자 동행으로 길을 나선다

그늘시편 · 3

그늘은 길손의 쉼터
멀리 바라기하는 산정의
구름 한 조각을 유심으로 보내기도 하고
바람 한 자락 부챗살 삼아
이마의 땀을 식혀보기도 하는
다행히 스치는 영상 한 자락 잡아
재단해 한 줄로 배열해 보기도 하는
한운야학이면 어떻고
무사·무념·무욕의 삼무 벗하면 또 어떠랴

인생은 나그네라 했던가
고독한 길손의 노독도 풀어보고
고달픈 갈손의 수심도 달래보고
내친김에 가버린 날들의
한자락 추회도 소환해 보는
한때의 그늘
무료 달래기 위해 가버린 날의 한때
그리움 같은 것으로 달래보는
그늘만한 곳이 달리 또한 있던가

모든 잡사 물리치고
하루 아닌 한나절쯤
나와 내가 만나는 시간
고달픈 삶에 쫓겨 스스로를 잊고 사는
자아상실의 시대

나로 돌아가 나와 만나는 일이
어디 그리 흔턴가
공원 느티 그늘
나와 내가 만나는 쉼터 삼아본다

노래방

반년 만에 찾은 노래방
아내를 위해 1절만 완성해 놓고
미완으로 두었던 2절을 완성했다 싶어 찾았는데
아니었다
목소리엔 변함이 없었으나
가사가 뒤를 받쳐주지 않았다
가슴은 그대론데 마음이
따라주지 않음이리라
더 잘 다듬지 못했음일 듯싶었다

고분지통을 달래기 위해
유희화해 본 「그리움」이란 시가
유독 많다
시면 됐지 노래까지라니
분수 밖의 것 바람한 것 아니었던가
그리움이란 건 가슴에 담아둘 것이고
가슴에 담아둔 것 밖으로 투사해버린 게
노래일 듯싶다
유행가의 팬이 많은 소이를 알 것 같다

가슴에 맺힌 게 많음이거나
이를 토해내버리고 싶은
비위난정의 미적 해소 욕구가
대중가요로써 억압된 감정을 대리
해소하고 싶어 함이나
노래로써 가슴에 맺힌 그리움 토해 버리고 싶은
욕구가 같을 듯 여겨졌기 때문
노래방에서도 배운 한 수는 부족함이 많음이다

제3부

에덴 파라다이스

사랑한다

정서유희가 아닌
정신적 사랑의 진실만이 방출할 수 있는
그리움
이성간의 사랑을 넘어섰을 때만이
인정이 무엇인가를 알았을 때만이
연민의 본질이 뭔가를 깨달았을 때만이
방출될 수 있는 그리움
그런 그리움을 지닌 가슴을
나는 사랑한다

욕망의 찌꺼기
본능에의 초탈만이 여과할 수 있는
정신만이 여과해 지닐 수 있는
지녀 방출할 수 있는
가슴의 순수를 나는 사랑한다
그런 사랑만이 사랑할 수 있는
순수에의 충실을 사랑한다
사랑과 함께 이를 체험하게 해준
순수한 연민에의 그리움을 사랑한다

얼굴 삼아

아내 1주기 때
추모시 낭송회 때 가져온
화분
두 해 동안은 피지 않더니
올해에는 피었다

꽃을 보고 날 본 듯이 하라 했던가
나를 보고 꽃 본 듯이 하라 했던가
꽃 앞에 하고 아내 얼굴을 떠올렸다
함께 아내의 시구(詩句)
'가시네사 좀 슬픈들 어떠랴도

아내 가던 해
간병으로 옥상을 잊고 살았다
좋아하던 장미는 시들어 죽어버리고
대신 참나리 화분 현관으로 옮겼더니
해마다 피어 아내보듯 한다

호접란이
꽃과 나비가 함께 꽃이 된 것처럼

안개꽃이 안개와 꽃이 하나로 핀 것처럼
화분의 꽃과 나리꽃이 아내일 듯싶어
얼굴 삼아 마주해 본다

기둥

지난 5월은 우울했다
아내가 간 달이 5월이었기 때문이다
기일인 5월 4일이 다가오면 마음이 편치 못했다
아픔으로 보내야 했고
보낼 수밖에 없었던 무기력의 체험이
도지기 때문이었다
벗어나지도, 떨쳐버리지도
해소하지도 못한 채 지니고 살아야만 했던 무기력은
지금도 자학이었고, 허무였고, 절망 자체다

미안함
고마움
감사
그리움 같은 것은 아내에 대한 것이기보다
내 스스로를 위로하기 위한 자구책이었다가
더 솔직할 듯싶다
여과 없이 남발한 자구책은
내 자신의 감정에의 충실이고, 충실은
나를 지탱하게 해준 디펜스 메커니즘이었다

6월을 맞았다고 해서 달라질 것은
없을 것 같다
내 감정에 충실만이 자장할 수 있는
가슴에 지닌 것이 사랑이기 때문이다
그리움을 비롯한 가슴의 호사를 나는 사랑한다
미안함, 고마움, 감사가 나를 지탱해준
고분지통의 기둥이었기 때문이다
그 기둥이 없었던들 내 안의 절망은
허물어졌을 것이기 때문이기도 하다

에덴 파라다이스 · 1
- 아내의 3주기에

가는 길 연변에 피었던
이팝꽃도
에덴 파라다이스 입구에 피었던
수국도 철이 지났는지 다 지고 없었다

꽃 대신 부르면 대답 대신
웃는 얼굴이 맞아주었다
'가시내사 좀 슬픈들 어떠리'라고 노래했던
장송란 시인

찾을 땐 그리움이 동행했고
돌아올 땐 외로움이 동행했다
늘 노독(路毒)으로 자장했던
가슴으로 방출하던 연민이었다

아픔으로도 고향했고
슬픔으로도 그리움으로도 고향했던
에덴 파라다이스
돌아서는 길엔 그림자처럼 얼굴 하나 동행했다

에덴 파라다이스 · 2

그리움 따라 갔다가
외로움 밟고 오는
그대 두고 오는 길엔
수국 피어 보냅니다
보내는 꽃잎 꽃잎
눈물 되어 적시는
가슴엔 이 가슴엔
두고 온 얼굴 하나
얼굴 하나
돌아선 길 따라옵니다
에덴 에덴
에덴 에덴
에덴 파라다이스

에덴 파라다이스 · 3

멀수록 더 가까이 다가가고 싶은
다가가 하나이고 싶어하는
그리움이 있다

그리움이 있는 한
자동 방출하는 자장기(磁場機)
가슴에 달고 산다

애정에의 그리움이 아닌
척애(隻愛)에의 그리움도 아닌
순도 100%만이 퍼 올릴 수 있는 순수

우리들이 낙원에서 쫓겨나지 않아도 되는
유일로서의 그리움의 본적지
소울메이트(soul mate) 하우스 에덴 파라다이스

추억

지난날 불행의 추억은 감미롭고
행복했던 추억은 쓰디쓰다
행복했던 날에의 그리움보다
더 큰 고통은 없을 것이기 때문이다

추억의 무게를 바위보다 무겁다 했던가
무게로 아미 사이에 걸고 살았던
눈썹과 함께 우거졌던 추억이
어찌하여 바위의 무게로 중량하는가

그리움을 아는 날부터 함께 자랐던
수심의 하중일 듯
먼 하늘바라기 구름 한 점 유심으로 보내며
수심의 무게도 함께 실어 보낸다

'덜'

선거가 어떻고
트럼프가 어떻고
어떻고엔 식상한 비위난정에도
'덜 먹고, 덜 입고, 덜 꾸미고'엔
번쩍 드는 정신
헛소리도, 잠꼬대도, 꿈꼬대도 아닌
참말로 들려서다

덜이란 게 어떤 충족치에 못미침 아니던가
미치지 못해 미치고자 미쳐 날뛰는 판에
애써 미치지 않게 자제함을
덕으로 삼는 '덜'
퇴행이 두 발짝 나아가기 위해
한 발짝 물러서서 나아갈 에너지를 충전하듯
한 발짝 물러섬으로써 충족에 가 닿고자 한 '덜'

덜이 단순한 절약을 위한 자제가 아닌
절약의 미덕으로써 충족에 다가가고자 함이니
어찌 깨달음의 지혜
실천의 의지에 값하지 않겠는가

잊고 살았던 안의 소리가 들려왔다
'아끼지 않고는 모을 수 없다'를
주문처럼 뇌던 아내의 경제철학 첫 줄

아끼지 않고는 모을 수가 없다

특호활자일수록
눈살을 찌푸리게 하던
신문 제목이
잔잔한 감동으로 와닿는
설득력으로 눈길을 끌었다
'2030은 소득 줄어 못 쓰고
60대는 아끼느라 안 써'

씀씀이가 헤픈 젊은 세대들은
경제불황으로 펑펑 쓰지 못하고
늙은 세대는 저축해 놓은 게 없어
아껴 쓰지 않으면 드러나는 바닥이 두려워 못 쓴다는
사실 이상도 이하도 아닌 평범한 사실이
체험하게 하는 경구보다 귀한 타이틀

딸애와 같이 살면서
씀씀이가 헤프구나를 되곤한다
달리 꼭 쓸 데가 아니면 쓰지 않는
구두쇠 같은 인색의 구식스러움을 탓하기도 했다

어디선가 들려오는
'아끼지 않고는 모을 수가 없다'
가슴에 감겨있던 메아리가 풀렸다

나리꽃 앞에 하고

그린 일색의 공원은 단조롭다
그늘이 없었던들 찾는 이 없는
공백의 공간이지 싶었다

단조로움의 여백을
메우고 싶었던 것일까
메워 칠하고 싶었던 것일까

드문드문 난초나리가 피어
볼거리 없는 눈길을 끌기도 하고
잠시 발걸음을 머물게도 한다

진행형 행보는 직행
뒤를 남기기 마련이고 머무름은
뒤를 돌아볼 여유를 제공하기 마련이다

돌아보면 먼먼날 산허리길 10리
철마다 산자락엔 꽃이 피었고
교실 화병에 나리꽃을 꽂았던 날을 소환해 본다

소이로 초등시절 나리는 유년의 꽃이었고
즐겨 꺾었던 소이로 좋아했던 꽃이기도 했다
꽃을 꺾던 그날의 까만 손을 하얗게 내밀어 본다

침묵

내 하루의 8할은 침묵이다
나머지 2할은 한두 통의
전화 몫이다

한가가 새로운 것에의 모색이듯이
침묵은 새로운 것에의 기획이거나
도전이다

소이로 해서
2할은 발성으로 되질해버린 허비이고
8할은 새로운 삶에의 돌진이 된다

8할로 가득 차 있는 삶에의 풍만
외로움으로 살이 찌고
그리움으로 피가 도는 격렬한 자가발전이다

침묵으로 살아보면 안다
침묵이 백 마디 말로는 터득할 수 없는
지혜의 샘이란 것을

샘물로 목 축여
다변의 얼룩이나 찌꺼기 걸러낸다는 것을
걸러내 참말로 진실을 말할 수 있다는 것을

기다림

Editer를 기다리며
휴식 겸 눈을 잠시 감고 있는데
내 기다림을 층계 삼아
밟고 오던 먼 날의 한 여인이 걸어왔다

내 마음에 하이힐 발자국을 찍은
맨 처음의 여인
우리 집 마당에도 맨 먼저 하이힐
발자국을 남겼던 여인

백난지중대인난(百難之中待人難)이라 했던가
한때는 기다림으로 하여 기뻤고
한때는 기다림으로 하여 슬펐고
또 한때는 기다림으로 하여 아팠던

지금은 가버린 날의 먼먼
다시는 오지 못할 기다림이 되어 버린
어느 해 혹서의 여름날 피서 차량으로
고속도로가 주차장이 되어 길이 막혀 버렸던 날

대전 고속버스터미널에서 8시간을 기다렸다
8시간 만에 나타나며 눈물을 훔치던
그런 기다림이 옛날의 필름으로
내 기억 영사기 삼아 돌아간다

가버린 날은 행복했다 했던가
그리움이라 했던가
기다림으로 기다림이 되어 기다렸던
어느 날의 컷을 세월로 풀어 방영해 본다

더·더·더

'더'는 보다 많이, 보다 오래란 뜻으로 쓰이는
어찌씨다
유식하게 한문 투로 쓰면 더할 가(加)
보다 많이쯤이 된다

언제부터인가
'더'를 즐겨 쓰게 됐다
'더 잘해주지 못해서'
'더 행복하게 해주지 못해서'

돌려쓰면
'더 잘해줄걸'
'더 행복하게 해줄걸'
'더 사랑해줄 것을'

'더'가 이리 마음에 혹이 되어
붙어 다니리라곤 생각지 못했다
암덩이 아닌 연민의 종양이 되어버린 혹
더·더·더

사랑한다고 말할걸
마음으론 그러면서도
더더더 말더듬이로 혀로만 굴렸던 말
더·더·더

삶

나는 케인즈의
경제이론을 모른다
그렇다고 자본주의 이론을 아는 것도 아니다
다만 놀부대감의 자본주의에는
동의 아닌 공감한다

내가 아는 경제이론은
학문으로서의 원리가 아니라
실천덕목으로서의 절약이다
아내가 남기고 간 '아끼지 않고는 모을 수 없다'는
지론에 동의하고 실천한다

사과상자를 밥상으로 시작했던
신혼의 가난을 마다않고
쏨쏨이 실했던 절약
결과는 자식들에게 APT 한 채씩을
남겨주었으니 절약의 실천이었다

어떤 지인은 나를 보고 인색하다고 한다
쏨쏨이가 허술하지 않다는 지적일 듯

허나 꼭 써야 할 때는 쓰는 실용에 충실한다
'아끼지 않고는 모을 수 없다'는
아내의 경제철학을 되뇌어본다

수인(囚人)

병석에 아내가 누워있는 동안
최선을 다하면 한만큼
아무것도 해줄 수 없다는
무기력을 체험하게 했다
오직 병원에만 의지해야 하는
달리 할 수 있는 재주를 나는 갖고 있지 못했다

코로나 역병시대엔
아픈 아내를 입원시켜 놓고도 간병을 할 수 없는
비정을 체험해야 했고
생명 경시의 역병시대가 앓게 하는
연민을 코로나 대신 앓아야 했다, 뿐인가
생명의 유한성에 대한 한계도 깨닫게 했다

보내 놓고 체험해야 했던 허무는
아픔 중의 아픔이었고 슬픔 중의 슬픔이었다
보낼 수밖에 없는 고분지통은 동행할 수 없는
죄와 벌을 함께한 천형의 유형이었다
독거는 후회이자 참회의 형벌에의 충실이었다
시방 나는 면할 수 없는 충실에의 수인이다

구름 음(吟)

그리움을 알 무렵부터
저 무심한 것을
유심으로 보내기 시작했다

정처 없는 떠돌인 줄 알면서도
안부를 묻고 전하기도 하며
어딘지 모르면서 머무르리라 여겼다

높은 산을 만나면
머리에 관을 씌워 주기도 하고
바람을 만나면 경주를 마다않고 갈기를 세웠다

절 마당 높은 가지에 앉아
풍경을 쳐 부처님의 오수를 깨우기도 하고
독경소리를 훔쳐 달아나기도 했다

한운야학(閒雲野鶴)
저 무심한 것을 유심으로 보내는 날부터
한 마리 학의 날개로 비선(飛仙) 유희를 익혔다

사랑이었던 것을

고마웠었소
감사했었소
행복했었소
사랑했었소

마음으론 하루에도 몇십 번씩 뇌던 말을
언제 하려고 그리 아꼈던 것일까
끝내 하지 못하고 보낸 후에야
하고 하고 또 해보는 서툴렀던 말

못한 것이 아니고 아꼈던 것일까
아낀 것이 아니라 들키면 안 되는 줄
알았던 것일까
들키면 부끄러워서였을까

하고 싶었던 말 중 그중 하고 싶었던 말만 골라
그중 깊이 감추고 묻어두었던
끝내 말 못하고 울어버린
그 부끄러움이 사랑이었던 것을

흐르기, 흘러보내기

바람 불면 바람 따라
구름 떠돌면 떠도는 구름 따라
세월 등에 한 길손 하나
흐르는 강물에 노독을 띄워보낸다

어디쯤 가 닿는 곳 있어
머무름도 함께 할 수 있을까
꽃잎에 바람지듯 바람에 꽃잎 날리듯
발걸음 닿는 곳 덧없음이구나

흐르면 돌아올 수 없는 강물
보내고 그리는 정은 어찌하여
떠났다 돌아오고 돌아왔다
다시 떠나는 사공이 될까

세월로 흐르는 바람과 구름과 강물과
세월 앞에 하고 세월로 서서
강물에 실어 보내는 그리움의
도강 연습 중인 과객 하나

우계시편

땡볕 열옥에 지쳐 말라버린 가슴으로
우계의 주어를 잊고 살았다
장마가 꼬리를 살려 다시 비가 내렸고
내린 비에 적신 가슴이
'비가 와서 어쩌'를 소환했다

비 오는 날이면 걱정 반
미안 반·고마움을 반반으로 섞어
등 뒤에서 하던 아내의 말은
우산 속에서도 젖어버린
비 오는 날의 주어이자 내 우계의 주어였다

한발 한발(旱魃)
더위의 유형에 끌려 우계를 멀리했고
젖었던 가슴도 말라버렸다
주어를 접었던 소이가 이러했고
다시 소환한 소이가 맞물렸다

'비가 와서 어쩌'가 적셔주는 가슴
그 가슴으로 방출하는 그리움을

나는 사랑한다
비 오는 날의 젖은 내 우계는
내 사랑의 계절이다

배가본드

창밖엔 꼬리가 잘려나가지 않은 장맛비
가슴엔 철이 따로 없이 내리는
비의 우계
우계의 가슴엔 한발(旱魃)이 없다
늘 젖어있기 때문이다

열독의 열옥지대 젖은 가슴만이 자장할 수 있는
자장해 방출할 수 있는
그리움을 나는 사랑한다
'우리들이 쫓겨나지 않아도 되는 유일한 낙원을
그리움'이라 했던가

그리움과 낙원의 등식
우계의 가슴으로 살아보면 안다
거부할 수 없다는 것을
그리움이 낙원에의 영주권이라는
등식의 초월을

창밖엔 비가 내리고
우산 속에서도 젖어버린 가슴만이

우계의 가슴으로 산다는 것을
우수(憂愁)와 우수(雨愁) 동행하는
배가본드라는 것을

세월의 무게

옛분들 말씀
세월이 약이라길래 고분지통도
그러려니 했더니 아니었어

세월이 더할수록 세월의 두께만큼
세월의 넓이나 깊이만큼
더 커가는 것이 아픔이었어

해가 더해갈수록
세월의 무게로 등에 한
아픔 · 슬픔 · 미련 · 그리움

뿐인가
평생 가난 못 면하게 했던 죄책감까지
헌데 깨달았어 가난이 물질만이 아니었던 것을

물질 아닌 정신으로 채워줄 수 있는
못다했던 사랑
그 사랑의 결핍을 달래주지 못했던 죄의식을

물질적 풍요를 사랑의 조건으로 알았던
무지
그 무지가 등에 한 세월의 무게였던 것을

감사한다

살아가는 일에 충실하며
충실로 시간보내고
나머지 짜투리 시간 있으면
그리며 새기며 못잊어하며
보고 싶어하는 생각으로 메운다

즐기며 할 수 있는 일 있어
감사하고
즐기며 떠올리는 얼굴 있어
또 감사한다
감사하는 일말고 달리 또 뭘 바라겠는가

저쪽 세상에 있는 사람
가슴에 지니고 살면
함께 있음이 아니던가
함께 할 수 있는 가슴 있고
그런 가슴으로 살아갈 수 있는 것에 감사한다

감사를 마음의 기억이라 했던가
종이에 쓰지 말고 마음에 써 두라 했던가

마음으로 떠올리고 마음으로 새기며
살아가는 일 외의 자투리 시간을
같이할 수 있는 당신 있어 감사한다

연모지정

미련
그리움
사모
연모를
정을 뿌리로 하고 태어난
네 얼굴이다

가슴으로 지닐 수 있는
유일의 자산이자
소유할 수 있는 사랑의 덕목
삶을 지탱하게 하고 연소하게 하는
기름 삼아 연소하면
내연의 불꽃으로 타오르는 광원이다

가슴에 등 하나 켜고 사는 일
살면서 빛을 벗하고
빛에 도전하는 사랑의 연소
미련은 심지, 그리움은 기름
사모는 성냥개비가 되어 밝히는 등불
그런 가슴으로 살아갈 수 있음에 감사한다

마음경

잡사·번뇌 버리고
평정에 들면
당신이 찾아온다

안빈낙도
어리석고 남루한 삶속에서도
평정 벗하고 사는 삶 아니던가

정일 속의 정일은 참정일이 아니다
소란 속에서도 들 수 있는
마음 열기 정일

고요함만이 열 수 있고
열어 맞을 수 있는 길이
당신의 길인 소이가 이러하다

삶의 행보

스스로의 언행을 돌려 살펴
도덕상의 부정이나 부족함이 없는지를
성찰해보는 옛분들의 말씀
일일삼성(一日三省)

하루에 세 번을 돌아본다 함이니
자랑스러운 일
부끄러운 일
뉘우치는 일이 어찌 없겠는가

하루를 교과서 삼거나
마음경 삼아 삶을 배우고
배워 참삶이기를 다짐하는 일이
어찌 귀한 일이 아니겠는가

삶에 충실하고자 하고
충실에 값하고자 하는
스스로와의 다짐
귀한 덕목 실천하고자 함 아니던가

하루하루의 무탈에 감사하고
하루하루에서 배우는 삶
돌아보고 돌아보는 일로
나아가고자 한 행보의 길잡이 삼아본다

해후

모든 생각들이 빠져나가버린
한때의 한가이거나
무아(無我)
얽혔던 인(因)과 결(結)에서
빠져나와 비로소
잃었던 순수를 회복한다

어느 것에도 물들지 않는
순수 자체에의 귀환일 때만이
소환하는 얼굴 하나 있다
잡사·욕망·허욕을 지녔을 땐
비켜서 숨어있다가
정일집중(精一執中) 때만 찾아오는

마음이 순수한 자는 하나님을 볼 것이라 했던가
하나님은 볼 수 없지만
하늘에 있는 이를 본다
하나님이 그때만 만남을
허락하심 때문이다
순수에의 귀환만이 재회할 수 있는 해후

옛사랑 이야기

꽃씨 하나 심는 날
가슴은 그리움이란 꽃밭이 되었고
노을은 아미에 걸려 가슴을 달궜다

계절도 없이 속성으로 자란 꽃씨는
노을에 안겨 붉히는 연습을 익혔고
익힌 빛깔의 더운 숨결로 자랐다

희망이 절망의 등에 업혀 자라듯
행복이 불행의 등에 업혀 사육되듯
꽃은 그리움에 업혀 빛깔로 채색됐다

훗날 그리움이 사랑의 누나란 걸 알았고
누나의 등에 업혀 자랐던 사랑은
노을로 가슴하고 붉게 익었다

고전적인 사랑학

처음엔 물혹이려니 했는데
점점 가슴에 자랐다

아픔이기엔 다디달았고
슬픔이기엔 기쁨이 더 컸다

그리움을 알면서부터
찬란한 빛을 방출했고
빛으로 방출되면서부터
아픔으로 도지기를 되풀이했다

청진기 없이도 자가로 진단되는
종양은 선종이었다

피를 먹고 자랐으나
피보다 정을 더 좋아하는 순종 순수였다

종양은 사랑만이 키울 수 있고
나눌수록 전이도 속성이었다

전신에서 영혼으로 웃자랐고
영혼이 살찔수록 기쁨은 배가했다

아내

용 두 마리가 아무리 막아도
벽을 뚫고 들어왔다는
서울시 서대문구 홍제동 96-4번지

용 하나는 나
다른 하나는 아들? 보고
용꿈을 꾸었다고 자랑하던 아내

그때만 해도
한 집에서 박사 둘이 탄생한 것은
선망의 적이 될 만큼 귀한 일이었다

문학박사와 공학박사
박사 둘을 탄생시켜놓고 자랑스러워하던 그날의
아내이자 어머니였던, 지금은 하늘나라에 있는

그리고 그리다
세월과 함께 그리움이 되어버린
그리움을 낙원에의 영주권이라 했던가

그리움을 유산으로 남겨주고 간
그리하여 낙원에서 살게 한
그립고 고맙고 보고 싶은 아내

그날들

'가볼까' 하고 나서면
겨운 힘에도 마다않고 따라나서주던
아내와 나는
주말 안산 둘레길의 동행자였다

잘 닦여진 자락길을
잡목림 사이를 지나 청솔길
청솔길을 끼고 산허리를 틀면
에스콰이어 숲에 자리한 만남의 장소였다

알맞게 차올랐던 바튼 숨을 내쉬며
잠시 기대어 서면
때맞춰 숲 사이를 빠져나가던 노을이
가슴에 빨간 도장 하나를 찍어주고 갔다

하루치의 행복같기도 했고
하루치의 보람같기도 했던 가버린 날들이
함께 할 수 있었던 길일 들이었던 것을
그날들을 소환해 보며 저물녘 외롬을 달랜다

가버린 것은 아름답다 했던가
아름다워서 슬픈 돌아올 수 없는 그날들에
발자국을 찍으며
동행 없이 외로움 동행하고 홀로 걸어본다

무악재 능소화

무악재 고개 양켠엔
능소화가 꽃말 그대로
기다림으로 피어 있었다

보내는 이 없었으니
돌아올 이 없고, 돌아올 일 없으니
기다림이 부질없음인 것을

꽃 앞에 하고 발걸음을 세워본다
이별 없어 무별리 고개인 것을
누굴 기다려 기다림으로 피어있단 말인가

한숨 돌려 걸어 넘는
고갯길엔
동행했던 옛 얼굴이 따라왔다

옛길

안산 7부 능선길을 걷는다
동행자 없는 그림자 동행
홀로 가는 독거(獨去)다

벚꽃이 만발했던 산허리 길엔
붉은 단풍이 띠를 둘렀다
돌고 굽돌아 다다른 전망대

멀리 보현봉이 다가온다
형제봉 능선길을 따라 보현사에 이르는
보현봉 이마엔 노을이 걸려 있다

숨을 고른 가슴에선
자장하는 또 다른 숨결이
먼 날의 그리움을 감고 돈다

독거 나그네의 수미(愁眉)에 걸린
한 소절 엘리지일 듯싶다
하산길엔 따라오는 얼굴 하나

낙원영주권

2025년 11월 5일 인쇄
2025년 11월 15일 발행

지은이 / 박진환
발행인 / 박진환
펴낸곳 / 조선문학사
등록번호 / 1-2733
주소 / 03730 서울 서대문구 통일로 389(홍제동)
대표전화 / 02-730-2255
팩스 / 02-723-9373
E-mail / chosunmh2@daum.net

ISBN 979-11-6354-412-8

정가 10,000원

* 인지는 저자와 합의 하에 생략
* 잘못된 책은 서점에서 교환해 드립니다.